of 19.95
05/9 1

DIX-SEPT TABLEAUX
D'ENFANT

Conception graphique de la couverture: Katherine Sapon
Conception graphique de la maquette intérieure: Laurent Trudel

DISTRIBUTEURS EXCLUSIFS:

- Pour le Canada et les États-Unis:
  LES MESSAGERIES ADP*
  955, rue Amherst, Montréal H2L 3K4
  Tél.: (514) 523-1182
  Télécopieur: (514) 521-4434
  * Filiale de Sogides Ltée

- Pour la Belgique et le Luxembourg:
  PRESSES DE BELGIQUE
  96, rue Gray, 1040 Bruxelles
  Tél.: (32-2) 640-5881
  Télécopieur: (32-2) 647-0237

- Pour la Suisse:
  TRANSAT S.A.
  Route du Grand-Lancy, 2, C.P. 125, 1211 Genève 26
  Tél.: (41-22) 42-77-40
  Télécopieur: (41-22) 43-46-46

- Pour la France et les autres pays:
  INTER FORUM
  13, rue de la Glacière, 75624 Paris Cédex 13
  Tél.: (33.1) 43.37.11.80
  Télécopieur: (33.1) 43.31.88.15
  Télex: 250055 Forum Paris

PIERRE VADEBONCOEUR

DIX-SEPT TABLEAUX D'ENFANT

ÉTUDE D'UNE MÉTAMORPHOSE

 le jour,
éditeur

Dépôt légal: 2e trimestre 1991
Bibliothèque nationale du Québec

ISBN 2-89044-433-3

À Pierre-Louis Gélinas

I

Il arriva ceci de particulier chez cette enfant artiste: dès l'âge de sept ans et même de six (selon un document), bien que laissée entièrement libre et sans sollicitation d'aucune sorte, ses dessins, ses petits tableaux, reflétèrent une maturité précoce. Ils changèrent curieusement de caractère et de façon. L'enfant se mit à dessiner ou à peindre en adulte, jusqu'à un certain point. Ses images furent à l'avenant: elles représentaient des drames, des personnages théâtraux, des musiciennes, de splendides chevaux, un grand oiseau, des visages d'une personnalité accomplie. Ces figures humaines ou animales ne surviendraient plus dans ses tableaux d'une manière anodine et comme sans destin.

Elles avaient perdu leur première innocence. Elles ne surgissaient plus comme par inadvertance. Elles ne montraient plus guère la légèreté un peu futile de l'enfance. Les sujets de ces dessins et peintures étaient maintenant de conséquence. Ils avaient plus d'existence réelle: personnels, déjà lyriques, déjà remplis d'âme, passionnés, et non pas, équivalentes entre elles, simples figures fortuites d'animaux, de châteaux, de petits personnages naïfs, d'arbres, de soleils.

Le bonheur n'a pas d'histoire; mais les personnages et les animaux représentés dans les dessins de R. en avaient une et la transportaient visiblement avec eux

dans le tableau. Ils n'y étaient pas plus ou moins ano-
nymes, comme c'eût été le cas auparavant dans l'indifférence heureuse d'une enfant dont la conscience ne
perçoit guère ce qui se passe dans l'âme agitée du réel et
de chaque être. Un contenu provenait maintenant de
l'extérieur, faisant pour chaque œuvre un sujet plus
dense, plus complexe, plus troublé, plus émouvant. On
n'avait plus affaire à une simple petite enfant avec ses
féeries et ses personnages. Son imagination puérile ne
les expliquait plus entièrement.

Le théâtre du monde était commencé pour cette enfant avant l'heure — le grand spectacle, le phénomène
ardent. Elle n'était plus seule avec ses jeux, dans son
imaginaire, avec ses songes gratuits. Elle voyait inconsciemment au-delà, elle en était frappée. Une certaine
autorité commençait à caractériser cette enfant de huit
ans. C'est qu'elle venait d'être gagnée, intuitivement
sans doute, par une sorte de large expérience. Elle devenait adulte, mais comme par un accroissement de sa di-
vination des choses et non pour avoir vécu. Car enfin
elle faisait une vie d'enfant et elle était heureuse. Mais
l'enfance ne l'intéressait plus comme auparavant. R.
semblait porter sur le monde un regard sollicité par des
mystères qui n'étaient pas seulement de son âge. Elle
portait sur cet univers différent un regard intérieur,
grâce à l'intelligence seconde qui s'était développée en
elle. Enfant et donc encore poète, elle lisait en poète ce
monde encore lointain. Elle se révélait ainsi très propre
au monde de l'art, tout à fait comme une artiste.

II

Naturellement, ce profond changement d'optique se traduisit picturalement, donc par l'image et le traitement, et aussi par la provenance du sujet. Celui-ci lui était désormais fourni non pas seulement par sa nature d'enfant mais par un monde qu'elle abordait avec de tout autres dispositions, avec un sens prématuré de ce qui se passe dans la force de l'âge, matière d'art et singulièrement de littérature.

Plastiquement, d'après les documents peu nombreux qui me restent, cela parut d'abord dans des dessins sans drame, grâce à un simple sens nouveau de l'objet. J'ai deux exemples de dessins dans lesquels un chat est saisi enfin dans son objectivité. L'enfant a alors sept ans. Son regard a cessé d'être le même. Il se dirige sur ce qui est. Il témoigne d'un sens accru de l'objet proprement dit. Celui-ci s'imposera clairement comme *motif*. Ceci sera nouveau. Le dessin sera tiré du motif, du motif seul, comme une chose qui n'est que posée devant soi. R. le regardera avec exactitude et sans exactitude. Avec objectivité et avec art. Cela n'a plus grand-chose à voir avec le sens pictural enfantin.

C'est un peintre qui maintenant s'annonce. Il est apte à prendre son bien dans la réalité même, et sa poésie. Il ne se rend pas compte de cela et donc il est encore enfant. Mais il a changé. Il fait preuve de décision. Cela

Chat n° 1
21,5 x 28 cm

7 ans

Chat n° 2
14 x 21,5 cm

paraît dans la forme. Rien n'est plus déterminé que ces dessins, déterminés comme le chat lui-même, dont l'existence n'est pas douteuse. L'objet visé décide du moment où, complet, le dessin se termine. Celui-ci s'arrête quand le chat est complet, c'est tout. Il n'y a pas d'hésitation. La matérialité de l'objet fixe en quelque sorte le programme de l'exécution de l'œuvre. Tout cela vient du dehors. L'enfant avait jusque-là été gouvernée par autre chose.

L'artiste s'accommode avec ce dehors. Elle compose avec lui. Mais elle appuie son art sur lui. Cet extérieur joue un rôle majeur dans le processus. Le produit a quelque chose d'évident et d'achevé comme lui. Le coup d'œil statique de la nouvelle artiste dans ces dessins confirme de surcroît l'objectivisme de son art.

Par ce biais, on saisira alors comment l'attention de l'enfant, devenue quelque peu celle d'une grande personne, se tournera de la même façon vers l'univers du drame ou bien vers la poésie des êtres vivants, comme nous le verrons plus loin. Pour elle, ce sera encore là sortir de soi. Même mouvement donc. Ce mouvement, cette direction, on peut les comprendre de manière élémentaire quand il s'agit de quelque chose d'aussi concret qu'un objet matériel, par exemple des chats. Les deux dessins de R. sont évidents à cet égard. Cependant ceux qui suivront le seront peut-être moins. Leurs sujets se révéleront plus complexes et moins matériels. Pourtant on remarquera dans ces dessins la même aptitude nouvelle. Elle résulte d'une maturité. La psychologie de la fillette a étrangement changé. R. est passée avant l'heure dans un autre âge.

Les *Chats* marquent donc une brusque et profonde évolution. Pour la première fois dans les dessins de R., les qualités plastiques, l'objet plastique*, l'œuvre d'art en somme, si embryonnaire qu'elle soit, véhiculent l'inexprimé et le sensible sans le secours d'éléments externes comme la naïveté de l'image, ou la poésie de la scène représentée, ou la maladresse du geste. Ici il y a coupure et elle est nette. Ce que nous verrons dans d'autres œuvres (comme *Le cheval d'or,* où la poésie rivalise avec les qualités plastiques) sera de ce point de vue moins probant à cause de cette concurrence. Mais avec ces *Chats,* il n'y a pas de doute: R. fait maintenant la preuve de l'importance distincte du côté plastique dans ses dessins. Cet aspect y est presque le seul qui importe. Donc il témoigne clairement du fait que l'auteur est désormais en possession de ce qu'il faut pour se proposer non pas d'abord comme enfant-poète mais comme dessinateur.

Qu'elle tourne son regard vers le monde visible ou vers le monde moral, la direction en sera maintenant semblable. Qu'elle fasse à huit ans le portrait au fusain d'une femme ou que, au même âge, elle montre des personnages ayant quelque chose de théâtral, dans le premier cas comme dans le second l'artiste naissante prend à l'extérieur d'elle-même, chargées d'une existence indépendante, les figures dont elle a besoin pour exécuter une œuvre.

Du reste, le fait qu'il s'agisse de théâtre, dans le second cas, confirme cette extériorité, car le monde représenté sur une scène se situe nécessairement à une certaine distance, à une distance de regard notamment, et dans l'altérité. On dirige sur le tragique un regard

---

* Le mot «objet» ne désigne pas ici le modèle mais le dessin lui-même.

15

d'adulte. Le tragique est toujours objectif. Il dépend de l'événement. Il se déroule en principe dans le monde réel. Il est indépendant de nous comme le destin, justement. Voilà ce que R. contemple, à cet âge. On en relèvera des signes dans ses *Chevaux,* notamment. On le remarquera encore, plus tard, dans *Les deux musiciennes,* personnages dont on s'émeut comme au théâtre. Du reste, même à première vue, il est évident que ces musiciennes ne font pas partie de l'univers puéril. La contemplation à laquelle elles se prêtent et invitent le démontrerait suffisamment. Mais j'anticipe et nous verrons cela plus loin.

III

La tendance à dessiner dans l'esprit d'une grande personne fut décelée chez R. à un âge encore plus tendre. Le petit dessin intitulé *La reine et le prince,* elle le fit à six ans. Personne ne lui avait certes enseigné le dessin d'adulte. La règle, comme avec tous les enfants, voulait qu'on la laissât toujours complètement libre, sans modèle d'art à imiter, sans sollicitation, sans indications, ni rien de la sorte. *La reine et le prince* n'est sûrement pas ce qu'on peut appeler un dessin d'enfant. D'abord, le sentiment y est très marqué et il s'agit d'un sentiment d'adulte. En outre, ce sentiment s'inscrit dans une situation dramatique exaltante, ce qui dépasse d'emblée la conscience enfantine. Un enfant ne s'exalte pas. On décèle déjà dans l'âme de R. une prédisposition à s'émouvoir ainsi. Quelque chose en elle entend des échos d'un romanesque de théâtre.

Cependant ces observations de psychologie ne suffiraient peut-être pas à démontrer ce que je cherche à souligner dans ces pages. Mais on remarque autre chose. C'est le caractère plastique nouveau de ce dessin: son réalisme. Le réalisme requiert certes de l'objectivité puisqu'il conduit à reproduire le réel avec une certaine exactitude. Cela suppose l'existence de l'objet dans le champ d'un certain regard. Quand on passe dans le monde adulte, on accepte généralement que ce qu'on y trouve garde plus ou moins, sur la feuille, les proportions de la réalité. Notez celles de la reine: elles sont à peu près celles du corps humain. La tête et le cou, par exemple, font environ le septième de la hauteur. Remarquez la fermeté du dessin établissant ce personnage dans ces proportions-là; elle est surprenante. Rien n'a été préalablement mesuré et ce dessin n'a rien de mécanique, mais la référence à la réalité ne fait aucun doute: elle commande d'évidence le trait. Elle commande aussi le mouvement, la flexion du genou, l'élan vers l'avant: tout cela est bien marqué.

La reine fut dessinée la première. Elle est très bien posée. Cet objet se tient. Il a quelque chose d'achevé. C'est lui qui établit l'autorité du dessin. Il fait également le centre des sentiments suggérés par la scène. D'ailleurs, point de doute: la reine, c'est R... Il faut gravir des marches pour aller vers elle. Sa robe, sa traîne, sont amples, majestueuses. Cette assurance royale se traduit plastiquement par la netteté et l'équilibre du corps, de la robe, de la traîne, et par le caractère défini et satisfaisant de la forme.

Mais le dessin du prince a encore quelque chose d'enfantin. Peut-être R. l'a-t-elle un peu bâclé, ayant assez travaillé jusque-là. Peut-être le prince a-t-il pas mal moins d'importance que la reine et existe-t-il seulement en fonction d'elle... Je le croirais. La reine règne. Le prince est grand, poétique, mais pas très sûr de lui et peut-être pas absolument nécessaire, si ce n'est pour que la reine soit reine, ou pour que l'amour soit là ou en tout cas le roman, et pour qu'il y ait cérémonie. Les gestes de la reine sont sûrs, mais ceux du prince quelque peu gauches et dégingandés. Par rapport à l'auteur personnifié par la reine, le prince est un prétendant mythique et encore in-

La reine et le prince
17,5 x 21,5 cm

défini. N'empêche, cette indétermination lui confère un air aérien qui n'est pas sans charme dans le tableau. Le personnage touche à peine les degrés de l'escalier. Plastiquement, l'hésitation se sent aussi, ce qui curieusement sauve le tableau d'un réalisme qui s'avérerait peut-être trop statique et d'une habileté qui ne doit jamais être la seule valeur. L'enfance persistante garde au dessin une grâce et une légèreté qu'il risquait de perdre. La maladresse est souvent un atout en art. Le passage à l'âge adulte comporte un risque: celui de l'académisme. Ici, non seulement elle vivifie l'anecdote en introduisant du fortuit, de la précarité et un grain de folie dans une scène où tout cela sied, mais elle sauve le dessin lui-même en le rendant légèrement perplexe. Je suppose que le prince tel qu'il s'annonce comme personnage et également tel qu'il est comme dessin correspond à cette part d'indétermination du sentiment qui est encore chez R. un signe d'enfance.

Ce dessin est donc double et ceci contribue à en faire une chose assez jolie. Vous penchez du côté de l'enfance et puis du côté du romanesque. Au point de vue plastique, vous vous trouvez dans une belle assurance, dans une forme directement trouvée, et simultanément dans la recherche d'une autre forme qui réponde à la première mais qui ne se fixe pas vraiment. Celle-ci laisse le dessin continuer d'évoluer, le garde ouvert et décidément inachevé.

IV

Voici une aquarelle rapide et spontanée, *Fille cueillant des fraises.* Je ne crois pas qu'on puisse vraiment y voir de l'art enfantin. Mais l'art ici est libre, il est léger, oui. Il n'appuie pas plus qu'un oiseau. Cette aquarelle est à peine plus qu'un hasard. À quoi la comparer? À un moment fortuit. Mais cet arbre, cette fillette au centre, cette composition, ces «fraises», — ce tableau, puisque dans le cas ce mot prend son vrai sens, qui convient peu à l'art de l'enfant — cela n'est pas en effet très naïf, ni, au point de vue de l'art, absolument innocent. C'est autre chose. Vif, instantané, certes; mais ceci même est d'un adulte, car un enfant montre généralement de l'application. Un des recours du peintre adulte pour trouver par rencontre la grâce indispensable et opérante, c'est justement d'oublier l'application, comme un navire largue les amarres.

Par ailleurs, l'adulte est conscient de faire une aquarelle. Cette idée-là (on sait ce que c'est, faire une aquarelle, faire une huile, faire un fusain) ne se trouvait certainement pas telle quelle chez R. C'est une idée qui suppose la conscience d'exercer une activité d'artiste, conscience distincte de celle de cette activité même. R. n'avait pas encore l'âge pour cela, sept ans. Malgré tout, son acte était bien celui de faire une aquarelle et ceci le distinguait de l'activité propre à l'enfant.

21

La nature de cet acte (faire un tableau) est en effet visible ici. Le mouvement, entre autres choses, le souligne. (La peinture, dans l'enfance, est plutôt statique.) Aussi la dextérité. Aussi le fait, évident, de ne guère surveiller le coup de pinceau. Les enfants ordinairement font de leur mieux. Ici l'attention est galopante, elle n'est décidément pas méticuleuse. On constate une certaine maîtrise du procédé (mais cette aquarelle est peut-être la première que R. ait jamais faite). Maîtrise? Enfin, détachement dans l'exécution, habileté innée, insouci, absence d'application, réussite néanmoins (jusqu'à un certain point). Efficacité, malgré la vitesse du geste et l'ignorance relative du médium.

Voilà donc cette enfant agissant plutôt comme une artiste faite, mais à son insu. Elle a franchi en un rien de temps quelques années sans s'en douter. Elle se trouve dans un rôle qui n'est pas encore pour elle. D'ailleurs ce n'est pas un rôle, car rien n'a plus de réalité vraie que ce personnage peignant. Pourtant elle demeure une enfant. Elle se montre seulement habitée on ne sait comment par un être qui, lorsqu'il peint, n'est plus trop de son âge. L'enfant prête sa spontanéité et son inconscience à cette étrangère curieusement sûre d'elle. R. en est influencée. Mais ce peintre qui s'ignore continue de créer des figures de l'innocence. Au reste, il ne termine pas ses tableaux; il les abandonne avec indifférence tout comme le fait un enfant. R. reste sans projet et sans ambition. Elle n'envisage pas d'avenir et sa petite aquarelle ne lui est de rien. Elle ne songera pas à l'encadrer. Elle n'en voudra pas meubler sa chambre. Cette aquarelle n'aura été pour elle qu'un instant, exactement comme c'était le cas auparavant, à cinq ans, à six.

De toute façon, elle ignore ce qu'elle vient de faire. Du produit, elle connaît encore moins les qualités particulières, notamment la précocité que je décris ici. Elle ne sait pas ce qu'elle regarde, ni comment elle le regarde. Elle ne fait de retour sur rien, ni sur son œuvre, ni sur elle-même, ni sur son métier. Ce qu'elle réalise lui est encore presque entièrement donné. Elle est incapable d'analyse, ni d'entendre une analyse. Mais le faire, chez elle, curieusement, s'écarte de l'enfance et témoigne d'une conscience naissante différente, assez manifeste. C'est comme si quelqu'un d'autre peignait pendant un moment à sa place.

Il s'est mis dans la peau d'une enfant. Il fait un autre métier qu'elle. Il s'entend à ce dont elle n'a pas idée. Il n'a pas le même âge qu'elle. Il fait des gestes à sa place, sous ce couvert. Elle lui sert de médium. Alors il en résulte une liberté inattendue. Celle-ci consiste à peindre comme on le fait après l'adolescence, mais avec la gratuité d'une petite fille.

D'où cette aquarelle absolument gratuite aussi. Elle ne respire pas autre chose qu'une fraîcheur d'enfant. Elle ne révèle pas plus de projet qu'un dessin puéril. Elle a seulement plus de portée, picturalement et moralement parlant. Elle tient d'un autre langage pictural et d'un autre langage affectif. Mais remarquez cette opposition entre une candeur première préservée et un idiome pictural qui ne lui correspond pas, de même qu'entre cette candeur du premier âge et un aperçu, indépendant de celle-ci, sur le mouvement, sur l'arbre, sur l'offrande. Une âme différente, plus évoluée, moins sans conséquence, se signale dans ce passage. Mais la persistance de l'enfance fait que le produit montre une pureté qui plus tard ne sera plus la même.

Finissons-en avec cette aquarelle, qui est un produit singulier. Résumons-la dans deux ou trois mots. Légèreté sans aucun poids. Réalisation sans la moindre intention. Une poésie première-née. Le papier à peine effleuré. Image de peintre, déjà, mais amenée par une main ignorante. Cette aquarelle n'est rien. Pourtant remarquez le jardin, le vent. Le vent dans les arbres est un sujet de peintre. C'est un sujet dramatique. Remarquez aussi la fillette représentée ayant un rôle, une idée; ce qui est également un sujet de peintre. R. ne savait pas ce qu'elle montrait ainsi.

Je signale simplement cette petite chose peinte, parce qu'elle est ambiguë à la lecture.

7 ans

Fille cueillant des fraises
22,5 x 30 cm

V

La tendance générale que je fais ressortir dans ces pages s'accusa brusquement à l'âge de huit ans par une série de portraits au fusain qui n'avaient plus rien d'enfantin — mais alors plus rien. Une jeune fille ayant deux fois l'âge de R. aurait pu tout aussi bien en être l'auteur. Je ne m'explique pas cette espèce d'accident qui rendit soudain méconnaissable le talent de cette fillette. Peut-être avait-elle remarqué les portraits d'Alfred Pellan, dont un album se trouvait dans la maison.

Cependant, même pour imiter (mais imitait-elle?), il faut, d'une certaine façon mais profondément, n'être plus une enfant. On doit être capable d'un regard très différent de celui plus ou moins arbitraire du tout jeune âge. En règle générale, l'œil d'un petit garçon ou d'une petite fille ne fait que très peu la différence entre ce qu'il voit et ce que la main dessine de contours, de traits, de détails d'un sujet, et ne cherche pas à la faire. L'enfant ne distingue pas vraiment l'objet qu'il voit de celui qu'il crée, celui-ci tellement autre pourtant, bien que censé le même. Pour lui, l'un et l'autre sont le paysage, la personne ou la chose représentés. Le problème de l'identité des deux passe à ses yeux pour résolu. Mais à tort, évidemment.

Si l'on imite une manière, l'œil doit être semblablement évolué et apte à saisir avec assez d'exactitude quelque chose d'extérieur. L'enfant devenu capable d'une telle observation doit d'ailleurs, pour appliquer celle-ci, pouvoir s'écarter de la façon enfantine de dessiner, sans quoi cette observation resterait inutile. Or la distance est énorme entre les deux manières, dans le cas présent. La seconde suppose un tout autre point de vue et aussi un sens du trait, du geste, n'ayant presque rien à voir avec ce que le sens de l'enfant dessinateur le pousse à réaliser — sans parler de la différence extrême du propos.

R. s'est ici approprié d'emblée, c'est visible, l'art de l'adulte et son monde, comme si elle s'était coulée dans la situation de cet adulte. Ceci est des plus curieux. Personne ne lui avait rien suggéré de tel. Elle a compris un autre art que le sien, et la preuve qu'elle l'a assimilé, c'est qu'elle en a fait quelque chose de plastiquement valable. Elle ne se rendait pas compte qu'elle avait tout à fait changé d'optique, renoncé à l'enfance, adopté un autre âge. Ce n'était plus au-dessus de ses forces. Elle pouvait faire le pas. Elle le faisait aisément et sans s'en douter.

On le voit par ces dessins: il ne s'agissait pas d'imitation servile ou précautionneuse. R. était entrée dans un autre univers pictural que le sien et elle y faisait d'elle-même ce qu'elle avait à faire. Elle ne montrait pas d'idées étriquées, comme de chercher à copier. Cela aurait paru. Elle dessinait en son nom propre.

Dans ce nouvel univers, elle se mouvait. Elle n'y était pas subordonnée. Elle avait découvert un territoire. Elle l'occupait à part entière. Car on observe ceci, qui démontre cette maturité personnelle précoce et non l'inauthenticité d'une fabrication: l'ampleur du trait, son aisance (même encore peu experte) et l'évident plaisir de l'artiste-enfant d'avoir trouvé cette plage où elle déployait son propre don. C'était pour elle une découverte, non le champ d'un exercice sans liberté. Elle commençait ainsi une chose vivante, elle ne peinait pas sur une chose morte et figée. S'il y avait réellement là du Pellan, elle reprenait celui-ci à son point de départ, elle ne le copiait pas à son point d'arrivée.

Bref elle dessinait. Je disais précédemment qu'un jour elle avait réellement «fait une aquarelle», ce qui s'appelle «faire une aquarelle». On peut affirmer l'équivalent à propos de ces fusains, de ces portraits, à plus forte raison. Elle faisait des fusains, des portraits, comme une artiste dans son atelier; des œuvres, en un mot, même s'il ne s'agissait encore que de sommaires expériences. Un enfant ne donne pas «d'œuvres», même si ailleurs j'emploie parfois ce mot. La maturation de R. se révélait maintenant à plus d'un signe apparent dans ses produits, dont le plus clair était un certain caractère d'art de chevalet. D'autres signes sont à noter. La présence du modèle comme modèle. La réalisation du dessin comme dessin. La concentration de l'intérêt sur le portrait proprement dit, ramenant l'entreprise et les enjeux à peu de chose.

Ces portraits comptent peu. Leur intérêt vient cependant de leur franchise. Celle-ci, significative, marque l'autorité de la démarche de leur auteur et montre que R., je le répète, n'a pas singé l'art adulte comme de l'extérieur mais au contraire s'est engagée dedans.

Ces dessins annoncent dès maintenant une future maîtrise. On ne décèle rien en eux qui indiquerait une insuffisance imputable à l'inauthenticité d'une enfant qui essaierait de travailler comme une grande personne. Je ne parle pas ici de ce qui reste encore vague dans le produit fini. Ce que je vois, c'est le mouvement décidé, qui ne se dément pas. R. est à l'aise dans sa nouvelle plastique. Elle en a fait son véhicule. Les traits de fusain vont librement, avec tout l'accent désirable.

Ce qui fait encore problème, ce n'est donc pas le caractère direct et la vérité de l'écriture, qui sont incontestables, c'est l'ensemble, qui reste un peu béant, c'est le résultat global, lequel, dans chaque portrait, laisse à désirer. Et puis il y a aussi des erreurs. Les artistes, en général, comptent moins sur un ouvrage particulier que sur une série dont ils ne retiendront que l'exception. Or, dans le cas présent, les portraits constituent une très brève série, exécutée sans ce calcul et terminée au bout de quelques expériences seulement.

J'étais surpris de ces dessins. À peu de distance, ils succédaient à des choses sinon moins affirmées, en tout cas moins en rupture et moins en progrès par rapport à ce qui avait précédé. Ces portraits ont quelque chose de fort et d'abouti, quant aux personnages eux-mêmes, masques expressifs, et quant à la facture. Leurs dimensions réelles sont en soi nettement affirmatives: environ 36 sur 22 cm. De plus, ils ne contiennent rien d'ajouté, aucun ornement, ni fond, ni accompagnement: chacun se termine sur la seule présence du personnage, une présence dont la vigueur semble entraîner cette conclusion sans fioritures. Le dessin, du reste, bénéficiant du dépouillement qu'imposait le choix du portrait considéré comme art d'adulte, précipitait quant à lui son propre terme. Des traits aussi suffisants ne devaient pas avoir de suite. Tout naturellement, le dessin, le portrait, n'en devaient pas avoir non plus. Le projet interdisait les développements. Il prévenait l'évasement. Il ne supposait pas l'harmonie mais au contraire un traitement abrupt.

Un dessin n'a d'ailleurs pas besoin de complément, d'environnement, de fond. Il ressort plus rigoureusement comme dessin s'il ne s'ajoute pas un seul élément et s'il casse, si je puis dire, immédiatement.

Dans ces figures étonnamment catégoriques, il y a quelque drame, qui est à l'avenant de ces dessins. Du drame? En tout cas, l'existence même, sa rudesse, transposées sur le papier sans perte d'âpreté. La force de l'existence s'y montre proportionnelle à la force de l'affirmation plastique et elle ne s'en distingue pas. La seconde ne se présente pas comme une traduction de la première mais elle lui est consubstantielle.

La plage d'ombre sur le côté gauche du visage, dans le *Portrait n° 5,* le regard latéral dirigé avec reproche et défi sur quelqu'un, en même temps que la bouche contractée et la noire chevelure qui encadre cette sévérité, cela, sans doute, ne fut pas consciemment recherché mais intuitivement trouvé. Ces éléments d'image, si en accord avec le traitement plastique de celle-ci, confirment le déplacement considérable de la vision chez une enfant qui passe de huit à quinze ans sans transition et sans le concours du temps. Les ombres du visage, côté gauche, côté tragique depuis les Latins, sont dures. Ce ne sont pas des ombres apprises à l'École des Beaux-Arts. Elles vont avec le regard, de même qu'avec le dégagement brusque du masque sur le papier. Ce portrait, qui pourrait être une charge, est en effet sans aucun détour. Il est là sans qu'on l'y ait amené. Il surgit d'un coup, avec la même vitesse que le coup de crayon, sans décalage ni retard par rapport à celui-ci, et sans préparation ni tâtonnement. Les ombres du côté gauche sont au singulier: c'est d'une ombre qu'il s'agit. Chose curieuse, cette ombre rappelle celle du visage d'une des demoiselles d'Avignon. R. ne se rendait pas compte qu'elle dessinait non des ombres mais une tache, ni que cette tache exprimait je ne sais quel destin.

On n'élimine pas aisément un dessin comme celui-là. Il est fort inachevé. Il ne prend pas la peine. Il est venu comme ça et c'est tout. On n'a pas songé à bien faire. On l'a laissé comme il est, jeté. Il n'est pas «esthétique». Il est lacunaire. Mais ces défauts sont aussi ce qui le garantit.

Ses défauts sont ses arêtes. Ils sont ses précisions. Ils font sa preuve. Ils prouvent certainement sa primitive franchise. Voyez ces cheveux raides. Ils sont comme le reste. On ne veut pas faire aimable. Ce dessin se passe d'approbations.

Même le manque dont le comblement ferait qu'il y eût là une «œuvre», même ce manque a quelque chose de positif et plaide en faveur du produit tel qu'il est. Car il souligne à double trait qu'il n'y a pas de savoir-faire dans ce dessin, donc pas de fraude. De plus, il marque la tranche des divers éléments (forme, masses noires, image, contrastes, dont rien n'est poli ni léché) — *the edge,* dit l'anglais. Ce dessin n'est que positivité, puisqu'il ne se dégrade nulle part en précautions. Il ne contient de dégradés d'aucune sorte. Cela est vrai du physique (voyez l'ombre, nullement en dégradé) comme du moral. Le dénuement de ce dessin, ses limites, évidentes à l'œil, le recommandent. Elles sont aussi franches que leur contraire. Ce dessin avoue tout, sans difficulté, y compris sa frontière entre la réussite et l'échec. Il est probe. Il ne cherche pas à valoir mais à être, et même il ne le cherche pas car il est. Il n'estompe rien. J'ignore comment une enfant de cet âge, une enfant heureuse, d'ailleurs, peut mettre sur une feuille, sans atténuation,

Portrait n° 5
21,5 x 35,5 cm

sans addition involontaire de quelque poésie, sans liberté proprement enfantine, un calque magique de ce
qu'elle ne connaît pas. Je ne parle pas seulement de
l'image ici — encore que l'image soit forte — mais du
traitement aride qui la confirme.

VI

Plusieurs des remarques qui précèdent peuvent s'appliquer aux autres dessins de cette série. Ils n'ont cependant pas tous un caractère sombre et inquiétant. Prenez le *Portrait n° 2.* Il n'est pas amer, contrairement au précédent. Le personnage ne porte pas une tache de vin de malheur à la joue gauche. La chevelure n'est pas revêche et négative. Mais, à l'égal du *Portrait n° 5,* il sort du réel et s'imprime plastiquement avec la même force d'être sur le papier qui le reçoit. Il s'impose tout autant, avec une sorte d'ascendant. Les lignes, les noirs, les blancs, sont aussi énergiques, résolus, et ils sont purs de tout regard secondaire de l'artiste. Les yeux ne sont pas obliques, cette fois, mais ce sont des yeux absolus et hors du temps.

On ne remarque pas de déperdition. L'enfant a soutenu sans le savoir la rigueur de ce qui est dans l'être. Elle ne l'a pas adoucie. Elle y a répondu par des mouvements sans équivoque, ce sont les lignes; par des tons énergiques: ce sont les noirs. Ce portrait ne reproduit pas la réalité du modèle, mais, ce qui frappe en lui comme dans les autres, c'est que cette figure *autre,* cet *autre* objet qu'est ce dessin, surgit dans le réel avec un relief au moins équivalent à celui de la réalité prise comme modèle. Avec un relief davantage accusé, plutôt; c'est celui de l'artiste. Dans le passage de l'objet au dessin, un autre objet s'est instantanément formé. Il parle haut et seul. C'est lui qui parle et il occupe pour ce faire une position inexpugnable, comme toujours en art.

Pour ces divers fusains, je cherche à jeter une lumière sur le fait principal qu'ils produisent et qui les met eux-mêmes déjà dans une lumière: j'appellerai ce fait *l'apparition.*

La figure dessinée surgit dans la réalité. Le mot figure ne signifie pas ici seulement visage mais toute l'empreinte. Elle se présente comme une réalité de premier degré, et même d'un degré plus antérieur encore.

Rien n'est plus avancé dans l'immédiateté qu'un vrai dessin. Ceux de ma petite artiste avaient cette présence inespérée. Ils possédaient toute l'énergie nécessaire. Ils agissaient. Ils ne tenaient pas d'un projet de faire un beau dessin. Remarquez l'absence de manières; elle correspond à la fermeté de l'apparition. Voyez par exemple aussi le *Portrait n° 1* à ce propos.

Ce que je pourrais dire de ce portrait est semblable. Mais, dans ce dessin, la forme est surtout ce qui arrive, ainsi que la netteté du personnage, de la figure. Ce sont là les effets particuliers de la création de cet objet nouveau. Elles constituent les causes principales de son évidence. C'est la forme qui le manifeste d'abord et manifeste son intégrité de chose nouvelle. Elle est créée et elle crée.

Je me place aussi au point de vue de l'âge de cette enfant pour mesurer l'authenticité d'art de ces produits, donc leur authenticité d'être. À huit ans, dessiner si naturellement en adulte, cela ne peut être que vrai et ces dessins ne peuvent que l'être aussi.

S'il n'y avait d'autre preuve de leur vérité, l'économie des moyens et la rapidité efficace de l'intervention dans chaque cas suffiraient à la montrer. Dans le *Portrait n° 1,*

Portrait n° 2
21,5 x 35,5 cm

Portrait n° 1
21,5 x 35,5 cm

cette rapidité donne la forme, plus quelques lignes. C'est suffisant, tout est dit.

On y découvre des preuves accessoires, qui appartiennent au même esprit que le reste. Ce sont les détails du visage, obtenus par quelques traits, par un bonheur. Ils sont expressifs mais comme par surcroît.

Est-ce hasard? Le hasard compte pour beaucoup dans une œuvre. Mais une part de celui-ci, on ne sait comment, cesse en un certain point de n'être que hasard. Le fortuit dans un dessin porte un indéterminé qui ne relève ni de l'intention ni du hasard.

Cet effet n'est pas pensé et néanmoins il se réalise et donne une chose sensée. C'est comme si le hasard, dans l'art, était doublé, d'une manière occulte, par un autre hasard, plus profond et étrangement informé. D'où, dans ce dessin et en d'autres de cette série, l'expression non voulue du personnage, une expression néanmoins si marquée et si intérieure.

Dans le *Portrait n° 1*, on remarque un autre fait révélant le pouvoir du sens à l'œuvre dans l'improvisation plastique: c'est la convenance entre l'expression dont je parle et la tonalité du portrait, son calme, la simplicité du tout. Le second degré de l'art commence avec une telle harmonie, qui réunit une matière complexe.

Dans ce dessin, le rudimentaire a réussi jusqu'à ce second degré. Une opération élémentaire donnant aussitôt quelque chose atteste la présence de l'art.

Aucune prétention n'a joué dans ce dessin. Nous sommes chez une enfant. Mais dès la figure apparue, nous ne sommes plus chez une enfant. Cela aussi trahit la présence d'un tiers principe.

Sinon, expliquez si vous le pouvez quelques petites choses qui s'agencent, s'influencent, se composent entre elles, font une unité aussi fortuite que sûre: la fermeté du masque, l'équilibre plastique du dessin, l'expression et même le sentiment du visage, son assurance morale, l'assurance du dessin lui-même, l'harmonie tonale de l'ensemble; enfin, le fait que voilà une figure d'adulte que rien n'annonçait, figure d'adulte, dessin d'adulte, objet plausible de musée, quand on sait bien qu'il n'y a derrière qu'une volonté de gamine occupée par plaisir tout éphémère à représenter, sans y penser plus que ça, une personne de sa connaissance.

VII

Le *Portrait n° 6* est spécial, mais revoici les yeux obliques, la tache d'ombre du côté gauche, soulignée de surcroît par la ligne prononcée du sourcil et du nez, qui commente certes un noir malheur, et voici les larmes sous une chevelure violente… Les yeux sont tordus. Ces éléments, obtenus comme par chance, s'accordent dans le même sentiment. Certains même ne sont aucunement voulus mais viennent sur la page à cause d'une logique inconsciente de l'art, tel l'œil gauche, décalé par rapport à l'autre et défaisant ainsi tragiquement le visage; telle aussi la position de la bouche, décalée vers le menton et exprimant ainsi la répulsion. Ce sont d'étranges effets d'un supposé hasard. Il y a bien plutôt une sûreté cachée qui d'elle-même ordonne et compose intimement un objet d'art. Ces éléments du dessin comme de la représentation concordent sous l'influence subliminale de l'émotion. L'art se laisse conduire par elle invisiblement. S'ils étaient manqués et en particulier si les moins délibérés n'étaient là pour confirmer le contrôle inconscient qui règle ces choses-là, alors il n'y aurait ni mystère, ni dessin.

Dans ce portrait, la douleur du personnage constitue le sujet de l'artiste. R., toute petite, avait il est vrai exploité volontiers les larmes, la grande scène pathétique… À quatre ans, elle avait fait par exemple un dessin

41

intitulé: *Une petite fille qui pleure parce que son papa l'a oubliée dehors.* C'était extrêmement tragique!... Mais dans le cas du *Portrait n° 6*, R., qui a enfin découvert ce qui s'appelle le portrait véritable, le fusain, en un mot presque l'idée, indépendante et séparée, de ce qu'on nomme une œuvre, allie ce savoir intuitif récent à son sens du théâtre et du drame, du drame terrible et si satisfaisant!... Cette combinaison apparaît comme une synthèse d'adulte. L'art ouvre sur des synthèses pareilles. Maîtriser jusqu'à un certain point un médium et en profiter pour lui confier principalement l'expression d'une émotion, cela indique un degré de plus dans la connaissance du moyen d'art. On voit cela ici à l'état spontané, débutant et non encore réfléchi, mais non moins réel pour autant. La maturité est déjà là, excepté l'âge, la pensée critique, la conscience directrice, la possession suffisante du moyen même. Tout est encore improvisé et gratuit. Le dessin ne s'appuie pas encore sur un dessein.

R., contrairement à un artiste accompli, n'a pas d'exigences en ce qui touche les conditions requises de présentation et par conséquent elle néglige toujours de mettre un point final à son dessin, qu'elle abandonne avec insouciance dès que l'essentiel y est en place, sans souci de perfection. L'œuvre, pour une enfant, n'a pas de destination. L'enfant ne veille pas à lui en conférer une. Donc elle laisse plus ou moins les choses en plan, ne les achève pas. Elles demeurent sans importance à ses yeux. Naturellement, cette négligence laisse sa trace dans le dessin. L'enfant dessinant à la manière d'un adulte n'a rien singé, ni le sérieux, ni le calcul. Mais l'œuvre se ressent de cette absence de précautions, en un sens pour le mieux, car s'il fallait qu'une enfant se mette à se concevoir une carrière, voire à envisager une carrière pour tel

Portrait n° 6
21,5 x 35,5 cm

dessin particulier, c'en serait fait de sa liberté. L'enfant ne trouverait plus rien. Elle se mettrait à vouloir mesquinement tout ce qu'elle ferait. Elle ne discernerait pas jusqu'à quel point il faut ne pas vouloir, comme le devine un artiste plus âgé. Elle ne songerait qu'à bien réussir. Ceci la dévoierait, divertirait son attention de son travail, gauchirait celui-ci. Cette limite n'avait pas été franchie pour R. C'est par l'intérieur qu'elle se transformait rapidement. Elle ne jouait pas les grandes personnes. Elle changeait, mais dans la gratuité, sans s'y efforcer — et sans s'en apercevoir.

VIII

Un portrait à l'encre, de la même période que les précédents, s'écarte tout comme eux de l'enfance mais d'une autre façon. Dans *Maman lisant,* pour la première fois R. travaillait en comparant méticuleusement son dessin au modèle. C'était un pas de plus l'éloignant de l'enfance. Peut-être voulait-elle imiter ce que je faisais moi-même avec succès mais sans art? Je ne sais. Elle ne pouvait y réussir, par bonheur.

Ce dessin est intéressant, n'est-ce pas? Sa précise objectivité manquée a laissé une empreinte plastiquement détachée du modèle. Cela fait une apparition. La figure (n'entendez pas seulement le visage) tient par quelques lignes fragiles. Cela est du dessin, par définition. Un dessin se tient par le dessin. Par les lignes rares, séparées, semblables à des fils, ce portrait est porté. Il est léger. Il se soutient dans l'espace par la vertu propre du dessin, à cause des lignes, fils métalliques aériens imaginaires. Il est vrai que c'est un autre espace.

C'est encore là le modèle, mais ce n'est plus lui. Cette femme lit, mais cet acte est suspendu. Le dessin suspend cette action en la transformant en substance éternelle de dessin. Mais visiblement le temps n'est plus ici le même.

Le cou est un cou de dessin: il tient par une seule ligne. La main qui porte le livre est une main de dessin. Elle l'indique assez par sa forme. Le livre est de dessin.

Idem pour le bras droit. Enfin tout. La substitution est complète. Cette femme est un appareil à capter le temps.

Notez accessoirement deux rappels réalistes dans un dessin qui ne l'est pas et ne peut l'être. Ce sont les yeux, dont la direction vise le livre, et c'est le décalage de la bouche, lequel indique l'inclinaison de la tête pour la lecture; croquis habile et tombant juste, par chance ou par sixième sens, car l'enfant ignore les procédés académiques.

On voit par ce biais comment le réel, dans un dessin véritable, entre dans la composition de l'irréel. Il peut non seulement fournir un sujet au dessin, mais devenir du dessin, participer de plain-pied à ce dernier, d'une autre manière que si tout restait *abstrait* dans un dessin dit tel. La forme reconnaissable s'éternise alors en dessin. Ce qu'on voit dans cette image, ce n'est plus le regard objectif ni l'inclinaison proprement dite de la tête; le réel premier le cède à un réel d'un autre ordre. Morceaux du sujet et gestes tracés, tout cela est maintenant du dessin. Le modèle coopère, comme tel. Il n'est pas indifférent que ces yeux soient encore des yeux, ce nez encore un nez, ce visage encore un visage, et non pas une pure abstraction. Devenus tels qu'on peut les voir maintenant, ils apparaissent en tant que visage et en tant que traits du visage, mais dans un nouveau rôle, un rôle purement plastique. Il semble essentiel que ces réalités extérieures subsistent, dans cette transmutation, et ne deviennent pas des abstractions méconnaissables. Elles prêtent leur réalité à l'éternisation du réel; elles prêtent leur temps fluide à l'acte de passer dans un temps supérieur qui ne l'est pas. On reconnaît encore dans ce dessin la réalité objective qui n'est plus, de même que le temps ordinaire passé dans un temps infini. Ils se don-

Maman lisant
21,5 x 35,5 cm

nent à cette opération. L'expérience qui en est faite précisément sur eux et non sur le seul imaginaire rend plus sensible d'un degré ce changement d'ordre. C'est pourquoi l'art figuratif est peut-être plus troublant que l'autre.

Ces divers portraits, mais surtout *Maman lisant,* donnaient à entendre que la poésie du plaisir peut le céder à quelque chose de plus grave et de plus proche du fond de l'être. Cette même différence se remarque par exemple dans la comparaison d'un Renoir ou d'un Monet avec certains Picasso rigoureusement dessinés comme *Les trois musiciens.* À l'échelle de la fillette — qui n'était pas une bien grande échelle! — la même opposition se faisait visible. Pour un moment, l'enfant avait abandonné ses rêves. Elle trouvait suffisamment d'intérêt à s'en remettre de toute poésie au pouvoir du dessin, lui-même réduit en quelque sorte à la prose du portrait. C'était quand même singulier à son âge. Mais cela ne dura pas. Elle avait cependant montré jusqu'à quel point elle était chez elle dans une pratique d'adulte, ce qui supposait que l'esprit correspondant à cette pratique pouvait être aussi le sien. Mais en dépit de cette réduction sévère, une poésie abondante et quelque peu merveilleuse demeurait en elle, comme chez tout enfant, et allait s'imposer à nouveau.

IX

Je passe rapidement sur *Grandy fils,* croquis furtif aux crayons de couleur, dessin un peu négligé, assez peu satisfaisant, mais libre et poétique. Un certain merveilleux certes est revenu, mais peu toutefois l'esprit de la première enfance. Le romanesque n'appartient pas à celle-ci. Une certaine distance, qui caractérise le romanesque, n'est pas le fait de l'enfant.

Ce croquis pourrait être l'illustration d'un conte, dessinée par une grande personne. Cette image est d'une poésie de second degré. Le personnage a un rôle, une histoire et un état d'âme. Il appartient à la littérature, dirait-on. L'inclinaison du corps, si expressive, ne relève pas du pur dessin comme chez un enfant. (Cependant, elle profite au dessin.) Les enfants sont des primitifs. L'enfance n'est pas expressionniste.

R. est déjà apte à circuler non seulement dans son propre rêve mais dans des songes distincts d'elle. C'est ce qui fait les artistes, les écrivains. Ils s'émeuvent du monde, ils s'émeuvent de ce qui ne les concerne pas premièrement et directement. Ils entendent les échos. Devant l'univers, ils vibrent à l'émotion qu'ils y perçoivent. Ils ne sont pas tout d'une pièce et enclos dans leur propre sphère seulement. Leur âme a quelque chose d'universel. Ils font écho à l'univers. Leur cœur est multiple.

En conséquence, ce *Grandy fils* (le personnage aussi bien que le dessin) arrive *d'ailleurs*. Il nous conte une histoire étrangère et proprement merveilleuse. Ce n'est pas une histoire immédiate. Déjà l'artiste en herbe s'inspire de quelque chose. Elle l'ignore, mais c'est ce qu'elle fait.

L'inclinaison du personnage fait pour une bonne part la différence et la souligne. Il exprime un poids et la trace d'une expérience. L'expérience est affaire d'adulte. On dit qu'un enfant mûrit vite sous le malheur, qui est expérience. R. ne connaissait pas le malheur mais possédait une connaissance intuitive de bien des choses.

Ce dessin n'a du reste rien à voir avec le malheur. Il est joyeux et poétique. Le personnage est un jeune homme, un prince, un amoureux. On parlerait spontanément de lui comme d'un héros de roman ou de conte. Le caractère romanesque de la scène est très affirmé, comme chez Chagall.

L'évolution de R., à ce stade, est soulignée par cette projection du romanesque. Elle l'est aussi par le fait que la facture, ici, n'a plus la gaucherie assurée, si j'ose dire, qu'un jeune enfant montre dans ses dessins, non plus que le caractère direct et sans détour qu'ils ont aussi. R. est entrée dans le monde de la représentation et son dessin obéit aux incertitudes du récit. Ses qualités plastiques sont peut-être peu de chose, mais l'effet du petit tableau tient à la combinaison d'une histoire, d'une image, d'une réalité supposée, à quoi se mêlent le sentiment et tout de même le dessin, car un dessin, même un peu vague, même insuffisant, permet toujours l'accès à une quatrième dimension, par-delà l'échec des choses réelles. Celui-là n'est pas privé de ce pouvoir.

grandy
fils
———
chien
~~jowou~~

9 ans

Grandy fils
21,5 x 28 cm

X

À neuf ans, R. fit, sur le thème du cheval, divers dessins ou tableaux plus avancés que le précédent. Ils étaient bien mieux composés. De plus, elle avait intégré son sens précoce de l'objectivité à autre chose, en mariant celle-ci à l'évocation poétique et à une spontanéité juvénile. Cette objectivité n'était plus dépouillée comme dans les fusains ou la série des chats.

R. commença par *Le cheval d'or*. Ce tableau au pastel gras établissait implicitement le programme d'une maturité évoluant encore: d'autres qualités faisaient perdre relativement de son relief propre à cette maturité. Avec ce que R. avait acquis jusque-là, elle réalisait maintenant tableaux et dessins qui ne la niaient pas en tant qu'enfant mais qui réunissaient harmonieusement enfin ses dons d'enfance et sa surprenante aptitude à voir d'un œil inconsciemment pré-averti les choses ainsi que le travail de peindre.

Elle était donc devenue un peu davantage une artiste véritable, bien qu'ingénument et incomplètement, parce qu'elle se révélait maintenant capable de faire un travail complexe et riche de ses acquisitions et de son fond tout aussi bien. Ce progrès commençait à se traduire en particulier par un sens plus évident du tableau. Cette complexité eut pour effet, entre autres, de faire apparaître le paysage, vraiment le paysage au sens académique du mot (mais sans académisme) dans certaines œuvres, dont *Le cheval d'or.*

Le paysage, l'espace, un certain lointain, divers niveaux de terrain, une profondeur réaliste dans l'image, ces éléments, qu'on pourrait qualifier d'incompatibles avec un tableau d'enfant, advinrent, n'ayant jamais été cherchés. Ils se présentèrent tous en même temps. Ils se manifestent ici par des procédés que R. n'avait pas appris mais dont elle fut gratifiée en travaillant: poser fermement un premier plan, le premier plan très affirmé du cheval; varier les plans par les arbres du coin droit à l'arrière, par un segment de ligne des monts à gauche, et par un plan intermédiaire avec l'arbre de gauche; réussir sans y penser l'illusion d'une colline à droite; tracer deux lignes convergeant depuis la partie inférieure gauche, suggérant ainsi fortuitement la perspective. Ce n'est pas tout. Mettre en valeur l'objet principal du tableau, ce cheval, légèrement décentré, donc ne bouchant pas l'espace, mais impérial tout de même par ses dimensions, par l'élégance et la netteté de sa forme, et par «l'or». Environner ce cheval d'une sorte de nimbe ou de luminosité étrange (qui n'était peut-être au départ que le bleu du ciel, mais qui descend et voile même une partie du sol). Mettre de l'intensité et du rayonnement, qui font vibrer le tout, par les hachures vertes et par les deux lignes d'abord interprétées comme révélatrices de perspective. Ce sont là presque trop de hasards heureux. Cela fait beaucoup de choses diverses et d'une combinaison qui n'est pas d'ordinaire à la portée d'un enfant. Pour la première fois, un tableau de R. procédait du multiple et en donnait la sensation, propriétés de la maturité.

Voilà donc un art qui a cessé d'être sommaire. L'enfance s'y trouve cependant encore par la fraîcheur du

Le cheval d'or
21,5 x 27,5 cm

propos, par une certaine féerie, par ce mythique cheval. Elle y est aussi par le soleil, réminiscence de l'iconographie enfantine et qu'un adulte, lui, ne retiendrait pas; soleil qui d'ailleurs n'éclaire rien et dont la couleur, décevante et incongrue, résulte d'une négligence ou d'une erreur puérile.

La réussite du *Cheval d'or* allait connaître des lendemains, dont *Les trois chevaux*. L'espace, la vibration, la nature, ayant été trouvés une fois pour toutes, R. exploiterait encore, à sa guise, d'une façon non délibérée, cette gamme agrandie de ressources picturales. Cependant elle ne s'imiterait pas elle-même, elle ne reproduirait pas systématiquement les éléments découverts, on peut le constater, mais elle profiterait plutôt comme elle l'entendrait de ces richesses précédemment explorées, en en retranchant, en y ajoutant, selon la pente de son entreprise à tout moment. Quant au thème cheval, il ouvrait des possibilités nouvelles, comme s'il avait, par sa seule vertu, révolutionné quelque chose. Il provoquerait entre autres le mouvement et la représentation du mouvement, l'impétuosité et la traduction plastique de l'impétuosité. On le constaterait dans *Les trois chevaux,* puis, davantage encore, dans un tableau plus troublé, moins achevé, plus violent, *Chevaux en fuite*. La liberté acquise antérieurement était telle qu'elle pouvait désormais donner des preuves multipliées d'elle-même. Elle éclatait en nouveautés et ne répétait pas sa propre histoire récente. Elle s'avérait créatrice. C'est ainsi que pour la première fois peut-être dans un tableau de R., ou en tout cas d'une manière nettement plus évidente, apparaît un signe expressif qui est en même temps et avec la même force un pur signe plastique: la crinière noire des bêtes.

Ce signe est une découverte. Il relève tout le reste de l'image dans *Les trois chevaux*. Il donne vie et lumière à ce reste, par l'effet du contraste et de l'énergie. La crinière de droite et celle de gauche animent la scène, l'espace. Mais cette animation n'est possible que parce qu'elles sont des signes d'un autre ordre que celui de l'image. Ces signes sont une écriture. Ils accusent de l'invisible, une émotion, une présence. Ils font du tableau le lieu de je ne sais quelle intervention. Ils passent absolument la représentation. S'il ne s'était agi que de donner à voir trois têtes de chevaux et si le reste avait été à l'avenant d'un tel académisme, ce dessin n'appartiendrait pas à l'univers substitué qui est celui de l'art. Mais voilà, il s'y produit précisément ce qui n'arrive pas dans la nature: l'irruption, par le signe, d'une réalité qui ne se montre pas. Seul l'indéchiffrable se manifeste ainsi. Ce n'est rien qu'on puisse interpréter, décrire ou définir.

J'ai mentionné les signes les plus forts, mais il y en a d'autres, qui assurent, avec les deux crinières noires ainsi qu'avec le dessin des trois bêtes et surtout celle de droite, des fonctions de multiplicité, de variation du thème du cheval, de diversité aisée des réponses, la crinière du cheval roux, par exemple, servant d'intermédiaire entre les deux autres et contribuant au mouvement de ce principal élément grâce à trois instantanés du même motif. Chacun d'eux donne une note différente, bien qu'en continuité avec les autres, mais aussi en toute indépendance par rapport à eux, ce qui fait trois éléments d'image dont le lien en même temps que les écarts font ensemble une phrase de liberté. Si on la lit de gauche à droite, on obtient un peu l'équivalent d'une phrase musicale, souple, en progrès et libre.

La liberté est visible en effet dans ce déploiement d'oriflamme, à quoi répond l'image d'ensemble qui parle aussi de liberté. Le ciel lui-même est animé. La patte levée et la tête tournée d'un des chevaux le sont aussi. Mais, encore une fois, il y a les signes plastiques, qui sont d'un autre ordre, seul essentiel et dont le reste dépend. Ces signes sont l'harmonie du nombre trois, la diversité du mouvement, à droite une forme de ce qu'on peut appeler nouveau cheval, cheval né du dessin, cheval-dessin, race inconnue, élégance presque arbitraire, pur dessin; autant de signes apparus sous la réalité feinte de trois chevaux sous un ciel dans une plaine. Ces divers signes s'ajoutent à ceux des deux crinières noires primordiales.

Le cheval de droite parle pour eux trois et dit de quelle race ils sont. Il dit qu'ils sont racés. Il atteste la jeunesse de tous et bien d'autres choses: la fraîcheur de l'air, la vie opportune, la merveille d'être. Rien de cela n'est indépendant des signes et ne peut se passer d'eux: si ces crinières étaient académiques, si le dessin n'était si preste, si la forme du cheval n'était pas un dessin mais un cheval, l'air serait morne, la vie aurait évacué ces lieux, il y aurait là trois bêtes debout qui seraient mortes.

Rien ne s'anime jamais dans un tableau que par les signes, qui sont abstraits et indépendants de l'image, même lorsqu'ils semblent en faire partie. Tels sont les cernes chez Rouault, les formes étirées chez Giacometti, l'admirable subtilité claire du dessin de Vinci, et telles étaient humblement, dans ce presque rien, dans le tableau de R., les marques apparues on ne sait d'où, de plus loin que l'image, et d'une cause entièrement différente de celle-ci.

Les trois chevaux
21,5 x 35,5 cm

On voit bien, par les signes encore, que R., quand elle dessine, n'est plus véritablement une enfant. Ces signes, dans le cas, et surtout les plus forts, ne sont pas dans la logique de l'image mais manifestent par rapport à elle un relief insolite. L'artiste fait irruption parmi ce qu'elle rêve, et la voilà qui, par une gesticulation ou par une insistance appuyée que ne laissait pas nécessairement prévoir la scène, réalise en vérité *un autre dessin,* une espèce de spectre fait de taches, de stries et de lignes qui témoignent d'une *autre image,* nocturne, méconnaissable, parlante et qui appelle. Cet inconnu est, bien entendu, dans tout vrai dessin, même d'un enfant. Mais ce qu'il y a de plus, chez l'artiste adulte, c'est que l'inconnu devient plus indiscret, se signale pour ainsi dire au premier plan, force l'attention, et alors il envoûte le spectateur autant qu'il le déroute. C'est de l'inconnu qu'il s'agit et non des évidences d'une image. Le signe se fait résolument plus signe, le dessin plus indépendamment dessin. L'artiste adulte est impatient, il brûle de voir quelque chose se produire qu'il ne peut concevoir et qui n'ait rien à voir avec l'apparence de ce qu'il fait. Mais c'est bien ce qui se produisait chez R.

Examinez encore *Les trois chevaux.* Ces chevaux sortent-ils d'un pré, d'une prairie? Ils sont évidemment étranges. Un artiste est un type qui ne s'intéresse pas aux chevaux. Quand il y a dessin, quelque chose, dans l'image, se décolle du motif; c'est un nouveau motif, sauvé celui-ci et n'ayant rien à voir. Celui-ci se sépare et ne procède d'aucune ressemblance ou contrefaçon. L'art n'a de rapport qu'avec ce qui a ainsi quitté l'apparence qui est la chose même. Il n'a affaire qu'à un objet substitué, lequel est avant tout un signe. L'art opère lui-même cette substitution. On est enfin devant un objet plus réel que le réel.

Ce n'est à aucun degré le premier objet. Ce phénomène atteint jusqu'à l'image, produit une autre image. L'image, cette fois, loin d'être le degré zéro de l'art, entre elle aussi pour son propre compte dans la composition du signe. Considérez *Les trois chevaux* et en particulier celui de droite. Observez que seul un adulte peut créer une image dont la raison suffisante et la gloire sont à ce point celles que l'art fait briller comme à part. Un enfant n'aurait même pas eu l'idée de tourner la tête de ce cheval dans un mouvement dramatique. L'enfant n'est pas sollicité distinctement par l'âme du discours. Cette tête ne parle pas de ce qu'un enfant peut entendre. Il ne l'aurait pas dessinée. Il ne l'aurait pas désirée pour elle-même, ni avant ni après. Un enfant n'entend rien à l'éloquence. (J'emploie certes ce mot dans son sens le plus profond.)

Quant aux autres marques de l'art, l'enfant ne frapperait pas de signes aussi dérogatoires son dessin. Le dessin, pour l'enfant, n'est pas un tremplin vers le dessin, vers la délivrance de ce dernier. Il ne tend pas vers son propre pouvoir ou vers son propre règne.

R., précoce, voyait une somptuosité. Elle contemplait une race, un printemps. Elle ferait du printemps, voilà ce qu'elle ferait. Un artiste fait du printemps et parfois c'est ce dont il est conscient. Mais l'enfant ne connaît pas cette conscience distincte. Il n'a pas idée de la célébration, ni d'une joie vécue pour elle-même. Il ne connaît pas la distanciation. Il ne fait pas non plus de révolution.

R. se réjouissait *intuitivement* d'une fête et sa main dessinante y prenait part. C'était déjà se servir du dessin et des couleurs comme on danse. Telle n'est pas du tout la manière d'un enfant, lequel, lorsqu'il dessine, dessine et ne le fait pas directement comme on chante, ou comme on bat du pied, ou comme on fait un feu d'artifice. L'art seul, dans la pleine acception du terme, est utilisation de l'artifice. Un peintre, un dessinateur, s'efforce par exemple à l'écriture d'un rythme. Cela équivaut à détourner un art. Mais justement l'art est un moyen et, en tant qu'art, il se place au-dessus des limites étroites de la spécialité. Dans *Les trois chevaux,* R., sans s'en rendre compte, l'employait pour marquer une joie, un au-delà. De ces derniers elle plaquait les accords: ces marques sombres ou rousses, impérieuses, ce mouvement, ce redressement de tout, cette forme de cheval irréelle et réelle, cette beauté de cheval et de non-cheval. Son dessin devenait avant tout ces accords-là. Tel était le dessin qui s'efforçait par eux de triompher. L'art, par eux, cessait de s'accomplir sans histoires, autrement dit sans bond ni complication.

Tout dessin, même d'un enfant, est une doublure non pareille. Mais était arrivé chez R. le moment où un adulte met l'accent sur cette doublure et ne s'intéresse plus qu'à elle. Pour R., *Les trois chevaux,* ce n'était pas une scène champêtre mais certainement une autre scène, dont les péripéties étaient noires et altières. Leur matérialité ne tenait en rien aux champs mais directement aux traces apparues sur le papier, depuis ce qui pourtant n'était pas elles mais la beauté naturelle du cheval, ainsi qu'aux taches émerveillées nées là au milieu d'un bonheur. R. était surtout concernée par ces effets secondaires mais premiers, et nous de même. Elle accédait à l'art à la deuxième puissance.

Ceci se vérifierait encore dans *Chevaux en fuite.* Voilà une écriture de grande personne. C'est ce qu'on remarque d'abord de ce dessin. Celui-ci n'a rien de statique. Il est emporté. Pour l'enfant, dessiner consiste d'ordinaire à réaliser, d'ailleurs plus ou moins arbitrairement, l'objet représenté, à le mettre dans l'existence, acte qui est comme de poser quelque chose, sans son mouvement, surtout sans son mouvement interne. Mais ici l'image, chaque détail, la scène, le dessin lui-même, les fonds, le ciel d'orage, le spectre cabré du cheval noir, sont dynamiques. L'ensemble est animé d'un mouvement profond. R. ne s'est pas amusée à représenter de l'extérieur un mouvement, une course, comme font quelquefois les enfants. Son tableau est habité par une âme en tumulte. Celle-ci est au principe de tout ce qui se trouve dans le tableau et de ce qu'il est lui-même, et cela demeure vrai aussi bien de l'écriture.

La course est admirablement représentée et c'est qu'elle est authentique. Deux chevaux fuient éperdument. L'un d'eux regarde ce qui le terrifie, tournant la tête sous l'effet de la frayeur. On ne peut s'empêcher de constater que chaque élément de ce tableau concourt à la représentation d'une scène électrisée. R. n'a pas calculé cet effet général, ni les divers éléments qui l'assurent, et cependant chacun d'eux y contribue, dans un accord non prémédité. La multiplicité de ces effets obéissant à une loi unique révèle le caractère organique du tableau. On peut à bon droit s'en étonner. Ses divers éléments sont en résonance entre eux. Chaque détail tombe juste. Ils obéissent à une seule et même force. Éléments de l'image ou du mouvement: pattes des chevaux, crinières, queue, allure des bêtes, signes de l'effroi, couleur noire du cheval fantomatique; dessin des bêtes fuyantes, position du cheval cabré, nervosité des membres, efficace évocation de la course grâce aux positions des pattes. Éléments du traitement: rapidité de l'exécution, alliée à la précision du dessin de la principale figure; force du dessin; habileté innée et non spécialement attentive assurant un résultat composite tel que je viens de le décrire.

Cette impétuosité inspirée est d'un peintre en devenir, non d'une pure enfant. Le tableau est traité comme un objet d'art, non comme un jeu du jeune âge, ni comme une extension graphique de l'activité quotidienne de l'enfant. L'adulte est capable d'une double perspective: s'émouvoir du drame mais n'en être atteint qu'à travers l'art et par lui, comme si alors le drame, ou le sujet quel qu'il soit, n'agissait plus qu'à travers la sensibilité artistique.

Ces chevaux ne sont pas innocents. Ils n'ont plus grand-chose à voir avec un enfant. Ce dont ils témoignent le dépasse. De ce qu'ils révèlent, R. est émue mais par pressentiment du monde. Le sens épique est trop vaste pour l'enfant et d'ailleurs il lui est étranger. L'enfant ordinaire n'entend pas ces résonances, ni celles de la destinée. Il entend le malheur mais non les échos sublimés du malheur. Mais déjà R. montrait que le registre de ses perceptions s'étendait jusque-là. De plus, elle employait l'art avec un commencement de souveraineté. Elle en avait un juste sens.

Le mot souveraineté, ici, montre bien le déplacement de la personnalité d'un artiste par rapport à son œuvre et aussi par rapport à son sujet. L'artiste prend alors du champ à l'égard de l'une et de l'autre. Il cesse de se trouver dans plus ou moins d'indistinction à leur endroit.

L'exercice d'un art est un gouvernement. L'artiste en agit avec son œuvre et avec le motif (imaginaire ou non) comme si un commandement dont il serait investi lui permettait maintenant de jouer le rôle d'un maître d'œuvre, justement. Vous saisissez, n'est-ce pas, ce degré d'abstraction auquel il a désormais accès. Il ne s'agit pas ici d'abstraction intellectuelle. Il s'agit de quelque chose qui, en l'artiste, par fiction, s'abstrait d'une réalité

Chevaux en fuite
21 x 27,5 cm

et peut désormais mettre celle-ci (œuvre et sujet) dans une certaine perspective. Ce qui se développe alors, c'est la faculté de maîtrise, précisément.

Ce développement est patent dans *Chevaux en fuite.* Ce tableau dépend intimement d'une aptitude, nouvelle, à *exécuter* une œuvre. Un artiste en mène large devant la proposition qui s'offre à lui. Il brosse son tableau, dirais-je, si ce mot peut faire image et évoquer la distance. En même temps, il est émotivement tout pénétré de son sujet, mais moins ingénument qu'un enfant, et ce qu'il fait du sujet a une portée plus grande. Il le prend plus loin dans l'être et il en fait une projection plus puissante. Ce qu'il réalise ainsi n'est pas court. Cela vient en effet de plus loin et il le lance à une plus grande distance. L'artiste éprouve cette profondeur, la profondeur de la source, puis la portée du jet. Le pur enfant n'est pas du tout ainsi. L'artiste possède le sens de la densité et celui de la gravité. Il entend les harmoniques, il les attend et les répercute. Ce qu'il conçoit et surtout ce qu'il entreprend sont pleins d'une charge initiale, bien différente de celle qui se trouve dans l'esprit d'un enfant. On peut juger à de telles différences la maturité d'un être, la gratuité d'un tableau, je veux dire sa gratuité supérieure.

Dans *Chevaux en fuite,* on trouve un commencement de ces qualités-là. La séparation d'avec l'enfance se trahit en ce tableau par de multiples indices concordants, relevés çà et là dans mon livre. De plus, ces chevaux en fuite sortent eux-mêmes de l'enfance, ils l'abandonnent. Ils quittent eux aussi les tableaux d'enfant. Ils font eux-mêmes un autre de ces signes. Ils rompent avec la première tranquillité. Ils courent vers un ailleurs à tous égards. Ils ne sont plus centrés, si ce n'est plastiquement. Ils ont du passé, de l'avenir. Ils débouchent d'une histoire, sur une haute histoire. Ils sont étrangement libres, à tous ces points de vue. Ils se révèlent encore plus libres que l'enfance, s'il se peut, mais surtout d'une autre liberté. C'est une liberté plus haute, et menacée. Elle est plus troublée, plus active. On ne la reconnaît plus. Elle convient à ce foyer tumultueux où maintes choses changent irrémédiablement. Elle est une de ces choses.

Voici enfin *Le cheval de cuivre,* qui est seulement un croquis; mais, précisément, les enfants ne font pas ce qui s'appelle un croquis. Celui-ci suppose de la désinvolture, c'est un jeu, mais un jeu de dessinateur proprement dit. Le rapport avec le dessin n'est plus le même qu'au temps de la candeur. Le croquis marque cette différence. R., dès lors, en ce cas, ne fait pas un cheval (faire un cheval, une maison, un bonhomme), mais un dessin. C'est très différent. Le croquis est un essai de dessin. Que *Le cheval de cuivre* ne soit pas un cheval mais un dessin est très apparent. L'élégance accentuée des lignes et des formes, l'élongation du corps et des membres, la finesse de la figure entière, disent assez qu'il ne s'agit pas vraiment d'un cheval mais d'une figure accomplie par l'art, pour une autre lecture, pour une lecture. Il s'agit d'un bel objet, appréciable et apprécié comme tel, peut-être par R. elle-même, on l'ignore, mais l'effet obtenu le révèle ainsi en tout cas. C'est comme un dessin sur du verre.

Mais enfin qu'est-ce qu'un dessin d'artiste? C'est une figure sur laquelle revient après coup le jugement esthétique. Un enfant devant son œuvre n'insiste plus et ne pose pas sur elle un regard durable. Mais une œuvre d'artiste réclame au premier chef cette attention. L'esthétique y est la première apparente et l'objet existe en fonction d'elle. Ce *Cheval* s'est imprimé sur la feuille en tant que petite œuvre d'art. Tout le recommande comme acte subtil, note pure, légèreté, danse sur pointes, et ceci encore: le geste est allé chercher tout cela avec facilité et en un rien de temps. À propos de cette facilité, voyez les courbes, tracées infailliblement, d'une main courante, et comment la ligne supérieure de la cuisse tombe avec sûreté de celle du dos; combien la courbe inférieure obéit elle aussi, s'arrête, se reprend avec exactitude, sans effort et rapidement. Ce bonheur est proprement celui de l'art. Les lignes précises et agiles des pattes, en tant qu'image chevaline, et réalisées vivement et avec dextérité comme dessin, sont bien faites elles-mêmes et saisies dans leur mouvement. De plus, elles jouent dans l'ensemble de la figure, considérée comme image, puis comme fait pictural, comme dessin, comme geste d'un certain style et d'une certaine allure, un rôle étonnamment juste. L'intuition dessinatrice peut seule atteindre à de semblables rapports. Plusieurs mouvements divers font un seul mouvement général. Des éléments jouent leur propre partie et, à la fois, organiquement, harmoniquement, la partie d'ensemble.

Ce que je décris ici, c'est l'intimité de ce qui s'appelle dessin. *Le cheval de cuivre,* sommaire, pure esquisse, ouvrage d'une fillette, est sans prétention, bien sûr. Seulement, ce petit dessin existe. Singulièrement il existe comme dessin. Voilà pourquoi, en un sens, n'étant rien, à son échelle, bien réduite, il est tout.*

---

* Les quelques soupçons de lignes aberrantes qu'on distingue dans le fond appartiennent à un dessin raté du verso de la feuille et apparaissent au recto par transparence.

Le cheval de cuivre
17,5 x 23 cm

XI

Après la période des chevaux, l'art de R. se transforma encore. Les expériences antérieures avaient révélé un changement radical de *point de vue* chez la petite artiste. Celle-ci mûrissait par à-coups et bien en avance sur son âge. Ces expériences, faites jusque-là selon des aspects distincts comme pour autant d'essais, se fondirent plus ou moins pour donner quelques œuvres où dominèrent une aisance agrandie, la profusion, le conscient plaisir de peindre. Ce sont là richesse et fécondité d'adulte, sans parler de l'objectivation de l'acte ni du sens de celui-ci, si caractéristiques aussi des grandes personnes. Demeureraient toutefois une certaine candeur, ainsi que de la négligence, de même qu'un gros reste d'insouciance de l'enfant pour son produit. Tout cela, traits d'adulte, traits puérils, réunis dans chaque tableau, je le lis aujourd'hui comme un adieu à l'enfance.

La peinture, le dessin, offraient maintenant un large accueil tout à la fois à l'enfant et à l'artiste naissante pour qu'elles se déploient sans conflit ni contradiction. Là serait vécue une double mais même conscience d'artiste. On pourrait distinguer l'une et l'autre parts à l'examen, mais à l'examen seulement, car leur mélange serait harmonieux.

Avec *Le grand oiseau*, première version, la peinture fait vraiment son apparition dans l'évolution de R. Elle prête enfin ses possibilités d'application de la matière au déploiement du peintre, et ceci se réalise sans idée directrice ni parti pris. Alors ce développement se traduira spontanément, pour ce qui est de l'image, par une riche évocation de la nature, et, pour ce qui est de la facture, par l'exploitation complète de la surface, une surface maintenant bien agrandie.

Cette première version peut être considérée comme une ébauche par rapport à la seconde. S'y accomplit une sorte d'exploration libre et assez peu rigoureuse. R., par sa psychologie et à cause du médium utilisé, dispose d'une latitude qu'elle ne connaissait pas jusque-là. Les taches, sous forme de fleurs, de plantes, de feuillages, de papillons et d'oiseaux, distribuées partout d'une manière insoucieuse, figures peu dessinées, témoignent de cette expérimentation nouvelle. Il s'agit de taches comme autant de touchers, çà et là, partout, reconnaissance tactile du terrain, prolifération, et ces mouchetures permettent après coup de suivre en imagination le pinceau, instrument d'une découverte ou vérification plastique de tout l'espace offert par un support de 32 sur 60 cm, sur lequel l'œuvre est exécutée. Telle est la démarche de R., car c'en est une. R. prend possession d'un espace où elle ne s'était jamais répandue. Tout l'espace. Elle y met dans ce but tout ce qu'elle pense. Elle y parle oiseaux, fleurs, ruisseau, lumière parmi les feuilles. En n'importe quel point du tableau, cela devient matière à manifester du plaisir, mais en même temps sert à une croissance plastique dont elle n'est pas très consciente mais qui n'en est pas moins réelle.

L'occupation de remplir un espace et de s'abandonner ainsi à l'invitation spatiale du tableau, lequel n'est plus un lieu neutre et fortuit où s'exercerait une activité pic-

Le grand oiseau, 1re version
32 x 60 cm

turale détachée, cela n'est pas d'une enfant. Dans ce *Grand oiseau,* la surface à couvrir fournit l'occasion d'une invention en progrès. L'acte de peindre est sollicité. Il l'est constamment et diversement jusqu'à la complète exécution de l'œuvre. D'une manière beaucoup plus déterminante que chez l'enfant, l'acte est en continuel rapport avec des conditions d'ordre plastique et celles-ci le dirigent jusqu'à un certain point. Il ne s'agit plus de «faire un oiseau». La visée se trouve changée du tout au tout. Les phases du tableau se déroulent selon son propre principe. Des créations naissent au fur et à mesure des suggestions de nature plastique reçues par le peintre, de sorte que le tableau est commandé plus ou moins selon ce type de causes.

Le plaisir du peintre n'est plus le même. R. trouve le sien dans ce qui survient çà et là dans le champ du tableau: couleurs, abondance, figures, celles-ci représentant certes des objets, mais avant tout choses meublantes. On assiste ainsi à une multiplication des instants. Non seulement l'œuvre occupe un espace en principe non circonscrit, mais son exécution s'étend sur une durée dont chaque fraction est une petite totalité de temps. Chaque moment offre d'une certaine manière un minuscule tableau à faire au peintre qui travaille. Ceci est nouveau. Cette division manifeste encore mieux que l'ensemble la nature proprement picturale de son activité. Chaque petit élément de la surface est traité pour le plaisir de peindre. L'artiste se trouve engagée de la sorte dans une expérience particulière de la sensibilité. Cette expérience, cette sensibilité, sont bien celles d'une artiste. Elles s'attachent à chaque événement qui se présente: un coup de pinceau, des tachetures, une petite forme prenant place, quelques variations d'un fond, dans un jardin d'événements. L'occupation d'art s'impose davantage pour elle-même. Le «faire» est alors objet au même titre que l'objet. L'artiste, comme R. devenant artiste, *peint*: voilà sa manière d'être et voilà aussi son avoir. L'exercice de l'art ne constitue plus autant un chemin plus ou moins indifférent vers un résultat; il est déjà en lui-même un résultat à chaque coup de pinceau. Un enfant ne s'égare pas dans des moments-objets. Il ne prend pas sa pratique pour un but et encore moins pour un objet. *Le grand oiseau,* première version, commence à montrer suffisamment le contraire. L'instant dans la durée prend désormais de plus en plus d'importance. Chaque détail concentre sur lui l'attention de l'artiste, en tant que détail de tableau, puisqu'il s'agit de peindre et non plus seulement de «faire un oiseau», c'est-à-dire de ne viser que le but.

L'œuvre paraîtra une réussite pour des raisons qui ne seront plus les mêmes. L'artiste ne se réjouira pas du résultat pour des raisons peu recommandables comme celles-ci: avoir, par exemple, mis sur la feuille une maison, un oiseau, un monsieur ou je ne sais quoi. Il sentira vivre son tableau, les choses traduites en d'autres choses: les mêmes, mais plus du tout les mêmes, car désormais d'abord des objets peints. Il subira l'impact des couleurs, de la nervosité, de la richesse, des germinations, de la joie qui est partout. Tout cela au premier chef. Au premier plan encore, le déploiement, la séparation des surfaces, les luminescences. Ou encore, le fait d'avoir fait naître l'oiseau, l'eau, une anarchie harmonieuse d'objets comme dans la nature; d'avoir dispersé, diffusé, fait rayonner; d'avoir combiné chaleur et fraîcheur; enfin tous ces à-côtés ayant à peine des noms. Ou d'avoir mis cela en faits de luminosités, d'ombres, d'accidents, faits qui dès lors, d'un certain point de vue, ne sont ni figures reconnaissables, ni éléments non figuratifs, mais signes parlant en nous à un sens qui lui-même n'a pas de nom. R. faisait là des choses qui échappaient à l'innocence et à l'inculture pour tomber dans le domaine de l'évolué, du langage, du Secret, du langage cryptique.

Plus tard, je pris connaissance d'une seconde version du *Grand oiseau,* plus grande, plus aboutie, plus largement offerte, mieux affirmée. La surface s'était encore accrue (80 sur 69 cm). R. abordait ici les dimensions de la grande peinture. Elle le faisait avec un naturel qui montrait bien combien le moment était venu pour elle d'ouvrir son art et de s'ouvrir à lui. Pour elle, il s'avérait qu'une grande surface n'était pas disproportionnée. Elle s'y sentait à l'aise. Le tableau, loin de souffrir de dispersion, d'incohérence ou de faiblesse interne à cause de sa grande étendue, s'organisait avec avantage au contraire. Celle-ci semblait favoriser une meilleure et plus complexe ordonnance en offrant plus de place à l'image, plus de temps global d'exécution à mettre à la disposition du peintre, plus de liberté pour ses gestes, moins de contrainte à opposer à son plaisir. R. profitait de cette latitude. Son esprit avait une amplitude naturelle bien suffisante pour cela, comme on peut s'en rendre compte par ce tableau, où rien n'est forcé, où tout arrive comme s'il y était posé sans effort par la nature elle-même.

Le rapport général entre les dimensions de cette gouache et les faits et gestes du peintre se révèle harmonieux et simple. Ce grand tableau manifeste l'état dans lequel R. a travaillé et, à ce propos, il parle de manière si convaincante que ceci même le caractérise. C'est un état

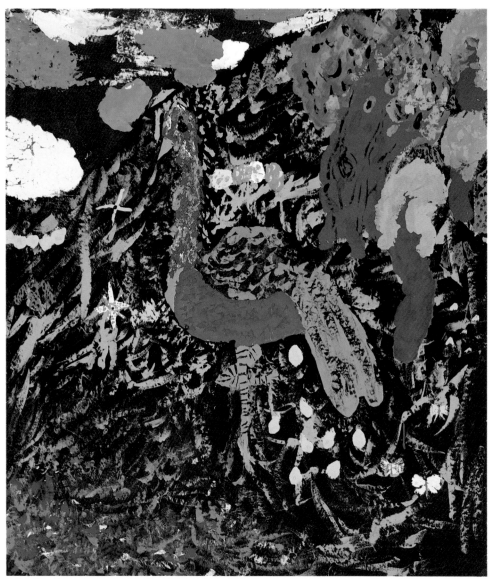

Le grand oiseau, 2e version
69 x 80 cm

de bien-être, d'épanouissement, doublé d'un sentiment de grande aisance dans l'acte de peindre. La gouache est appliquée sur papier noir. Une impression d'insouciance heureuse se dégage. Si l'on y regarde de plus près, on s'aperçoit que la petite artiste, par exemple en brossant le fond de la végétation au sol, le fait avec abandon et ne s'applique ni à dessiner le contour de la pente ni à couvrir soigneusement de couleur cette étendue. Cette façon-là trahit une évolution accentuée. Faire un fond ne suggère pas à l'artiste de le peindre comme un plancher. Le fond est là, elle le peint selon une disposition qui lui est personnelle, à sa fantaisie, selon son désir, sans application, nonchalamment même. L'acte de peindre accuse donc plus d'autonomie. Ces coups de pinceau correspondent non plus tant à la nature du sujet, ce sol, cette butte, qu'à l'esprit capricieux du peintre. Mesurez ce renversement, qui fait bien voir que l'exécution dépend davantage de l'exécutante et moins de toute indication extérieure.

Avec les *Chats,* R. s'en était remise à l'objectivité du sujet pour se séparer de l'enfance. Avec les *Grands oiseaux,* en sens inverse mais pour s'éloigner encore de l'enfance, elle s'écartait quelque peu de l'objectivité du sujet. Ce furent deux libertés successives, l'une et l'autre saisies grâce aux occasions offertes par l'entreprise de peindre ou de dessiner. R. avait l'intuition nécessaire pour obéir ainsi. Ces libertés, chacune arrivée en son temps, dégageaient progressivement l'artiste adulte chez l'enfant. Cette métamorphose se faisait sans brisure ni système, sans projet, sans volonté consciente. Elle avait le caractère aisé et non prémédité de cette peinture, des éléments de celle-ci, du hasard heureux qui les gouverne, de la souplesse qu'elle manifeste — du don. Aussi

R. se transformait-elle comme s'il n'y avait pas d'obstacles. Il saute aux yeux qu'il n'y en avait pas pour elle dans ce tableau. La gouache, d'ailleurs, semble propice à la désinvolture du geste et de l'application. Mais le peintre doit pouvoir profiter de ce que permet un médium. Dans le cas présent, c'est une des évidences du tableau. De façon générale, R. ne connaissait pas les difficultés mais plutôt seulement des réponses. *Le grand oiseau* seconde version est le contraire d'une peinture laborieuse. Il est même quelque peu expédié. Mais, comme je le dis, il se signale dans la plupart de ses détails et ses diverses parties par une facilité découlant d'une aptitude à laisser naître et croître les choses.

Cela a lieu hors du champ des problèmes et des contradictions. Dans la nature, c'est après coup qu'on se rend compte de ce qui s'est passé. Ainsi dans ce tableau: il se développait selon une multitude de gestes peu gouvernés. Après coup, il serait là, composé d'après sa propre nécessité cachée. Le détail, obtenu avec un certain laisser-aller, permet de vérifier dans les différentes aires de cette peinture le bonheur de l'artiste — moral et de métier. Le résultat est comme reçu. Il va de soi, comme dans la nature. Comme dans celle-ci, un certain désordre n'est pas suspect et fait un ordre. Cela s'arrange à terme. Et puis voyez le bleu, le mauve. Des choses brillent, quelques éclairs dans le ruisseau, des papillons, etc. Il y a des négligences, un peu fâcheuses celles-ci, dans l'angle droit supérieur, encore que l'oiseau et le reste du tableau, plus fins, moins opaques, fassent oublier ce traitement plus gros, en équilibrant l'image au profit de l'échassier et de son domaine.

Après une expérience semblable, on peut mieux devenir peintre. On s'est donné la preuve de son propre em-

Les deux musiciennes
38 x 47,5 cm

pire probable. On en a fait une première reconnaissance, qui ouvre à une suite. La toute jeune artiste a découvert que l'espace, le terrain, la liberté, la lumière, la confiance, le geste, enfin tout ce qui se présentait à elle alors qu'elle agissait, lui était familier, ne la dépassait pas, n'opposait pas d'entrave, mais au contraire s'offrait abondamment, montrait des prévenances inattendues. Le domaine de l'échassier s'était révélé et, non à moindre titre, le domaine du peintre. Ensemble. L'un et l'autre indistinctement. L'expérience était concluante. Des choses encore inconnues pourraient s'offrir encore et se livrer sans restriction à l'art du peintre. Le lieu, pictural et de nature, dégagé par R., se prêterait encore au peintre comme un commencement de quelque chose, qui la dispenserait de se contraindre. Dès lors, elle n'aurait que de nouveaux pas à faire. Ceux-ci, au reste, ne répéteraient pas les précédents, mais ils seraient créateurs comme ceux-ci l'avaient été.

XII

Ce dont on commençait à s'apercevoir, c'est que cette enfant, qui, par son art, donnait si curieusement des indices de mûrissement bien avant la saison, conserverait paradoxalement peut-être son enfance, même après l'adolescence. Sa fraîcheur, son invention, sa liberté, sa poésie, subsisteraient en elle, protégées par cette enfance qui était comme sa nature. R. était en partie composée d'enfance. L'enfance semblait plus liée à la constitution de cette enfant qu'à une phase de son existence. Nous voyions apparaître cette singulière constante dans la mesure où, au contraire, l'enfant, abandonnant l'enfance dans son art aussi bien que dans ses pensées, ressemblait davantage à la femme qu'elle serait qu'à la petite fille qui survivrait pourtant.

R. ne ferait donc pas ses adieux à l'enfance? Je m'étais trompé, celle-ci ne la quitterait pas, c'est ce que nous pressentions maintenant. R. n'aurait laissé derrière que la puérilité, ce qui est très différent; mais déjà, à sept ans, à huit, elle s'en était affranchie. D'ailleurs, avait-elle été puérile ou bien seulement songeuse et naturellement sensible au merveilleux? Ce sont ces qualités qui persisteraient en elle et assuraient qu'elle ne vieillirait pas. À dix ans, on pouvait voir que dans cette jeune personnalité intégrée il n'y aurait pas de séparation, pas de rupture. Elle vivait un double mûrissement: celui de l'enfance, laquelle s'approfondissait comme je le dis, moins puérile que jamais; et celui de l'adulte qui, depuis deux ou trois ans déjà, informait pour ainsi dire organiquement l'âme et l'esprit de cette fillette. R. mûrissait, mais en vertu d'un principe qui semblait l'habiter depuis toujours.

Elle devait avoir au plus dix ou onze ans quand elle fit *Les deux musiciennes.* L'œuvre ne porte pas de date ni de mention d'âge; mais des recoupements, y compris la circonstance de l'école primaire, permettent de la situer dans le temps. Cette œuvre constitue un aboutissement. Les manifestations partielles qui dans chaque cas auparavant montraient bien une certaine absence de puérilité, une croissance de l'esprit adulte dans l'enfant, ici perdent leur relief. Elles ne se font plus remarquer. Mais c'est qu'au-delà de cette transformation dont on pouvait jusqu'alors suivre les étapes, une âme d'artiste, maintenant dégagée, et un talent, arrivé à quelque épanouissement, ne s'éloignent plus visiblement de l'enfance mais réalisent tout uniment une œuvre harmonisée. Celle-ci impose son propre fait, sa seule actualité; elle est entière, elle est elle-même.

Voilà enfin un tableau. C'est une œuvre aboutie. Elle ne se commente pas dans les termes employés précédemment pour décrire des changements, des écarts, des différences, et encore moins pour marquer des limites. On ne la saisit que par et en elle-même. Tout en elle est tableau et concourt à celui-ci. Cette chose se fait et s'achève plutôt qu'elle ne s'écarte ou se distingue. Un délice finalement témoigne d'elle. Un délice. Une mélodie.

On peut pourtant, si on le désire, souligner certains aspects de cette œuvre, comme autant de preuves de ce que je viens de dire. Par exemple la robe rose et la robe bleue. C'est la première fois que, dans une composition de R., deux couleurs chantent au point d'amener vers leur accord l'intérêt et le plaisir suscités aussi par les autres éléments du tableau. Elles en sont la note dominante, le foyer mélodique et harmonique, le principal contraste sensible et la poésie résumée. C'est pourquoi ce rose et ce bleu sont si touchants et si tendres. C'était la première fois que R. faisait à ce point vibrer des couleurs l'une par l'autre. Du moins c'était la première fois qu'elle le faisait comme une artiste apparemment consciente des effets propres des couleurs dans son art. Puis-je encore noter que cette conscience n'est pas un attribut puéril?

On remarque de plus la composition, spontanée, évidente; la scène, encadrée par des éléments de l'image, l'arbre à gauche, la chute de cette ligne devenant celle de ce qui semble être un arbre blanc à droite, le retour de la ligne par celle du ruisseau enfin. Cela s'est bouclé sans intervention délibérée et grâce à certain facteur de composition spontané de l'art. Ce cadre est tel qu'il fixe dans une concentration accrue les deux figures de musiciennes et détermine davantage la relation mélodieuse qu'elles ont. La fable chante tout autant, et les instruments de musique, les robes, la grâce de la femme en rose. Rien n'est cherché et il n'y a que de la poésie. Le tableau est fait de si peu et pourtant il est accompli. Des éléments, par nature indépendants les uns des autres, y contribuent unanimement: les couleurs, la composition, l'image, l'anecdote, la nature, et certains moyens employés comme celui que voici.

Il s'agit de la verdure. Cette verdure est une petite trouvaille plastique. Cette calligraphie légère représente la végétation et à la fois révèle la liberté plastique de l'artiste, en même temps que sa confiance intuitive dans la simple écriture. Ce fond atteste directement ceci: que l'art, essentiellement, est écriture et n'est pas autre chose. Voilà cette fois une écriture telle qu'elle n'est que calligraphie, ce qui est le comble. R. rapproche ainsi notre œil de cette vérité. L'artiste affirme instinctivement celle-ci par la chose même: des rondes, des anglaises, des bâtardes, sans se soucier du réel. Cette indépendance, de même que ces cursives tracées aisément et sans insistance, expriment au surplus l'atmosphère de la scène, sa sensualité légère, le plaisir de l'été et tout aussi bien, semblablement, parallèlement, l'esprit sans contrainte de l'artiste. Un enfant n'aurait pas inventé ce fond de bonheur et de verdure ainsi plastiquement traduite. Ce traitement est quelque chose de subitement évolué.

L'esprit de convention y préside: ne pas représenter un fond par des aplats ni par une minutieuse imitation, mais par des griffonnages arbitraires dont l'écart par rapport à la réalité accuse grandement la nature plastique. Le peintre a plaisir à crayonner ce fond et c'est là un acte d'artiste, soulignant que l'auteur est d'abord, avec plaisir, en relation avec une matière, avec un support, avec des signes éloignés du réel. De plus, dans ce tableau s'accomplit une transaction entre le sujet, l'atmosphère, l'anecdote, les signes plastiques, la couleur, et cela est trouvé, cette transaction est trouvée. Suggérée par quoi? Comment le savoir? Cela vient comme ça, comme un fait sans explication préalable et dont le commentaire est nécessairement postérieur et décalé.

Voilà pour l'analyse du procédé et de sa création. Mais le résultat d'ensemble est donné. Lui-même se produit comme un fait. Il advient. Il a sa propre histoire, immédiate, authentique, tenant dans la mémoire de quelques instants, et c'est bien la sienne, il ne la doit pas à des emprunts médiocres. De tout ce que nous avons dit naît un lyrisme, celui-ci non préparé ni prévu. Le tableau est complet et il existe au sens plein. Son message existe aussi, sa fragilité heureuse, sa fraîcheur, sa fraîcheur tenant à la poésie de la scène ainsi qu'à plusieurs éléments comme cette dentelle de verdure qui laisse passer librement les blancs, ou comme l'eau — qui se trouve là pourquoi, sinon par un bonheur de peintre, et parce que celui-ci avait déjà découvert ce ruisseau sous les herbes et parmi les frondaisons où fréquentait *Le grand oiseau*?

C'est le même ruisseau, je croirais. Mais la scène est toute différente, la facture du tableau aussi, et également sa tonalité, la qualité de joie, le sens de ce poème sans paroles, le chant, qui est curieusement comme celui d'un lied. Ces différences prouvent une chose: c'est que ce tableau nouveau est créé. Il est né. Il vaut donc et il vaudra. Il a tout ce qu'il faut de ce que requiert une œuvre d'art, fût-elle modeste, pour être et pour durer: l'originalité, au sens propre et premier. Il en procède complètement. Nul parti pris ou idée préconçue ne le gouverne.

L'art véritable ayant travaillé, le tableau existe alors pour toutes les autres fins: le plaisir, l'émotion, le bonheur, le sourire, la reconnaissance; la qualité nécessaire pour orner ou décorer; la gaieté, le foyer de lumière; le réconfort qu'il procure, l'appui qu'il nous offre dans nos difficiles existences; l'instant de consolation; et aussi, à toutes ces fins, l'assurance que la petite cause bénéfique qu'il a mise dans nos vies demeurera, sans cesse présente et objective.

Liste des illustrations

Quelques ouvrages du même auteur

Un amour libre, récit sur l'enfance, Hurtubise HMH, Montréal, 1970.

Les deux royaumes, essais, L'Hexagone, Montréal, 1978.

Trois essais sur l'insignifiance, L'Hexagone, Montréal, 1983, 1989; Albin Michel, Paris, 1983.

L'absence. Essai à la deuxième personne, Boréal, Montréal, 1985.

Essais inactuels, essais littéraires, Boréal, Montréal, 1987.

Essai sur une pensée heureuse, essai sur l'amour, Boréal, 1989.

100, 181e rue, Beauceville,
(Québec) G0S 1A0